SANDRO BOTTICELLI
ET LA MYTHOLOGIE

L'ambassadeur
de la Renaissance italienne

par Tatiana Sgalbiero

50MINUTES

SANDRO BOTTICELLI

- **Nom ?** Alessandro di Mariano di Vanni Filipepi, dit Sandro Botticelli.
- **Naissance ?** Né vers 1445 à Florence.
- **Mort ?** Décédé le 17 mai 1510 dans la même ville.
- **Contexte ?** La ville de Florence, foyer de la Renaissance italienne
- **Œuvres majeures ?**
  - *La Force* (1470)
  - *Le Printemps* (1477-1478)
  - *Pallas et le Centaure* (1482)
  - *La Naissance de Vénus* (1485)
  - *L'Annonciation à Marie* (1489)
  - *La Calomnie d'Apelle*, illustrations de *La Divine Comédie* de Dante (1495)
  - *La Nativité mystique* (1501)

Alessandro Filipepi reçoit le surnom de Botticelli très tôt. Cela peut s'expliquer de deux manières : lui et l'ensemble de sa famille auraient été affublés de ce surnom signifiant « petit tonneau » en raison de la forte corpulence de Giovanni, le fils aîné ; ou ce pseudonyme renverrait à l'activité de batteur d'or, *battigello*, que Sandro exerçait dans l'atelier d'orfèvrerie de son frère Antonio.

Sandro Botticelli est l'une des grandes figures de la peinture italienne de la Renaissance. Proche des Médicis, il bénéficie de l'aura de cette famille, grâce à laquelle il devient célèbre et apprécié dans tout Florence et même au-delà. Sa production se concentre sur la cité florentine et Rome, où il travaille aux fresques ornant la chapelle Sixtine.

Si Sandro Botticelli est pleinement ancré dans la Renaissance, il va toutefois plus loin que ses contemporains. Il est en effet le premier à faire de la mythologie le thème central de certaines de ses œuvres, marquant ainsi une rupture par rapport aux artistes des époques précédentes. En outre, il donne toute son importance au dessin, auparavant simple outil d'étude. Ces particularités mises à part, sa production est typique de son temps : elle se compose essentiellement de portraits, alors très en vogue, et de sujets religieux. En termes de technique, l'artiste est également dans une certaine mesure en accord avec son siècle, puisqu'il applique, dans ses compositions, les principes nouvellement découverts de la perspective centrale.

CONTEXTE

LA RENAISSANCE

La Renaissance est un mouvement de renouveau artistique et culturel qui naît au XVe siècle à Florence, puis touche les autres villes italiennes avant de s'étendre à l'ensemble de l'Europe au XVIe siècle. Elle se caractérise notamment par la redécouverte de l'Antiquité classique et la revalorisation du savoir en général.

Dès la fin du XIVe siècle, des érudits florentins, sous l'égide du poète Pétrarque (1304-1374), entreprennent l'étude des textes des auteurs grecs et romains à travers les manuscrits originaux, délaissant les textes glosés au cours du Moyen Âge. Ils réapprennent ainsi le grec ancien, ce qui leur permet de s'ouvrir à tout un pan de l'Antiquité jusqu'alors négligé, dans lequel les écrivains et les artistes puisent une nouvelle source d'inspiration pour leurs œuvres. L'humanisme est né.

C'est aussi au cours de cette période que l'individu prend de plus en plus d'importance. Mettant l'homme au centre de ses préoccupations, les humanistes se donnent pour but de le rendre plus digne et plus humain grâce au développement de son esprit critique et de son savoir, notamment par un retour à la tradition antique, faisant par-là preuve d'une foi nouvelle en une humanité, capable de progrès.

Dans le domaine des arts, on constate un changement du statut de l'artiste, qui est enfin reconnu en tant que tel : il signe désormais ses œuvres de son nom et n'est plus considéré comme un simple artisan, comme c'était le cas jusqu'alors. En outre, le développement considérable du mécénat lui permet de réaliser de nombreuses commandes et d'acquérir du prestige. L'invention de l'imprimerie, au milieu du XVe siècle, permet par ailleurs la diffusion de la connaissance, qui devient dès lors accessible à un public plus nombreux, et ce plus rapidement.

LA COUR DES MÉDICIS

Au XVe siècle, l'Italie se compose d'une multitude de cités-États (le pays ne sera unifié qu'en 1871). Parmi elles Florence, où vit Sandro Botticelli, est une ville prospère grâce à une classe dirigeante composée de marchands et de banquiers, et puissante : elle contrôle alors une grande partie de la Toscane.

Florence est aux mains des Médicis depuis 1434, date à laquelle Cosme de Médicis (1389-1464), aussi appelé Cosme l'Ancien, s'empare du pouvoir. L'autorité des Médicis est entièrement basée sur leur fortune personnelle : banquiers, commerçants et producteurs de draps de laine et de soie, ils sont des acteurs majeurs des domaines qui font la renommée de la cité florentine à l'époque.

Sandro Botticelli, quant à lui, fait partie de l'entourage des Médicis, et plus particulièrement de Laurent de Médicis (1449-1492), dit Laurent le Magnifique, qui lui commande de nombreuses œuvres et compte à sa cour des écrivains et philosophes tels que Marsile Ficin (1433-1499) et Pic de la Mirandole (1463-1494), ainsi que le poète Ange Politien (1454-1494) et les peintres Benozzo Gozzoli (1420-1497) et Domenico Ghirlandaio (1449-1494). À l'instar des Médicis, les riches bourgeois florentins soutiennent de nombreux artistes qui voient les commandes affluer.

Durant la seconde moitié du XVe siècle, Florence et Rome sont en conflit : la cité papale tente en effet d'étendre son pouvoir jusqu'à Florence. Le pape Sixte IV (1414-1484) apporte son aide aux Pazzi, clan florentin rival des Médicis, qui veulent s'emparer du pouvoir à Florence. Ils s'associent dans une conjuration contre la famille florentine, ce qui aboutit, en 1478, à la mort de Julien de Médicis (1453-1478), frère cadet de Laurent le Magnifique, tué lors d'une échauffourée dans la cathédrale de Florence. Les réactions sont virulentes de part et d'autre et, alors que Laurent de Médicis fait pendre les conjurés aux fenêtres du Palazzo Vecchio, Sixte IV frappe Florence d'une série d'interdits (interdiction de célébrer la messe, de donner les sacrements, d'enterrer les morts) et engage des poursuites contre Pic de la Mirandole et Marsile Ficin pour hérésie.

L'ÉPISODE SAVONAROLE

Alors qu'une vague de millénarisme se répand sur la cité floren-tine – la population craint l'an 1500, croyant voir venir l'heure du Jugement dernier et l'Antéchrist –, Laurent de Médicis fait appel à Jérôme Savonarole (1452-1498), prieur dominicain à la tête du cou-vent florentin de San Marco, afin de défendre Pic de la Mirandole et Marsile Ficin lors de leur procès en 1487, 1489 et 1490.

En 1492, à la mort de Laurent le Magnifique, le peuple florentin se soulève contre les Médicis : Pierre II (1472-1503), fils de Laurent de Médicis, est expulsé de la cité en 1494. La même année voit Charles VIII (1470-1498), roi de France, s'emparer de la ville lors des guerres d'Italie, après avoir reconquis le royaume de Naples. Savonarole se retrouve dès lors à la tête de la cité florentine, qu'il érige en théocratie (forme de gouvernement où le pouvoir est considéré comme émanant d'une instance divine et est exercé par l'autorité religieuse ou le représentant de cette instance).

Dans ce contexte, Savonarole prêche pour un retour à l'austérité : il exhorte les Florentins à une vie plus modeste sous peine du châtiment divin, condamne ceux d'entre eux qui se font représenter dans des scènes religieuses, et considère que les livres, les bijoux, les tableaux ou encore la musique sont des objets de vanité qu'il faut anéantir. Il organise d'ailleurs, en 1497 et 1498, des « bûchers de vanités » au cours desquels il fait détruire ces objets par le feu. Par ses agissements, il s'attire les foudres du gouvernement de Florence et du pape Alexandre VI (1431-1503), qui exigent son bannissement et le condamnent pour hérésie. En mai 1498, il est arrêté, torturé, pendu et brûlé à Florence.

BIOGRAPHIE

LES ANNÉES DE FORMATION

Sandro Botticelli naît à Florence vers 1445 – il n'est déclaré à l'État civil que deux ou trois ans après sa naissance. Né d'un père tanneur, il est le cadet de quatre fils. La famille vit dans le quartier de l'église Santa Maria Novella.

Sur les conseils de son frère Antonio, lui-même orfèvre, Botticelli entre en apprentissage dans un atelier d'orfèvrerie. Probablement en raison des relations qu'il noue avec des peintres au sein de cet atelier, il se prend d'intérêt pour la peinture. C'est pourquoi, vers 1461, il change d'orientation et devient apprenti auprès de l'un des artistes les plus prisés de Florence, Filippo Lippi (vers 1406-1469), dont l'atelier est situé à Prato, à une vingtaine de kilomètres de la ville.

Botticelli s'y forme d'abord aux aspects techniques de base (préparation des pigments, des liants, des fonds), mais il réalise aussi, très vite, des personnages secondaires et d'autres détails dans les œuvres de son maître. Il étudie également la fresque et la peinture sur tableaux.

Il quitte Prato en 1467, lorsque Filippo Lippi part s'installer à Spolète, aux environs de Pérouse, en Ombrie.

L'ATELIER FLORENTIN

De retour à Florence, Botticelli revient vivre auprès de son père. À partir de 1470, les registres indiquent qu'il possède désormais son propre atelier. Parmi ses élèves se trouve le fils de son ancien maître,

Filippino Lippi (1457-1504). La famille a pour voisins les Vespucci, des amis proches. Giorgio Antonio Vespucci (1434-1504) – l'oncle du navigateur Amerigo Vespucci (1454-1512), qui donnera son nom au nouveau continent – est d'ailleurs proche de Sandro Botticelli au point de lui conseiller de se marier. Mais le jeune homme lui répond que cette idée provoque en lui des cauchemars tels, qu'incapable de se rendormir, il erre dans la ville jusqu'au petit matin.

À cette époque, Botticelli s'ouvre à d'autres influences que celles de son maître, notamment à celle des frères Antonio et Piero Pollaiuolo (1432-1498 et 1441-1496) et d'Andrea Verrocchio (1435-1488), avec lesquels il travaille à plusieurs reprises.

C'est également à cette période qu'il reçoit sa première commande publique. Il s'agit d'un tableau représentant l'allégorie de la force (*La Force*, 1470), qui ira orner le tribunal de commerce de Florence. Il s'agit là de l'impulsion qui met en marche sa carrière : en effet, à compter de ce moment, le jeune peintre reçoit de nombreuses commandes de la part de la bourgeoisie florentine, pour la plupart des membres ou des proches de la famille Médicis.

En 1475, il réalise l'étendard (aujourd'hui disparu) de Julien de Médicis, arboré lors des joutes organisées en l'honneur de ce dernier. Il rejoint dès lors l'entourage des Médicis et semble même proche de Laurent le Magnifique, qui lui dédie quelques vers où il le surnomme le « Botticello ingordo » (« Tonnelet goulu »).

Botticelli réalise aussi de nombreuses œuvres destinées à orner les églises florentines ainsi que des portraits. En 1478, il peint ainsi les portraits des conjurés impliqués dans la mort de Julien de Médicis sur le mur extérieur de la Seigneurie, après leur exécution. Sa réputation, dépassant les frontières de Florence, arrive jusqu'à Rome, où le pape Sixte IV l'invite en 1481 pour lui confier la réalisation de fresques dans la chapelle Sixtine. Le peintre travaille en compagnie, entre autres, de Pietro Vannucci (vers 1445-1523), dit le Pérugin, et de Domenico Ghirlandaio. Mais il est déjà de retour à Florence en 1482.

Au cours des années 1480, Botticelli se lance dans la création d'une série de tableaux à sujets mythologiques et entreprend également des dessins illustrant *La Divine Comédie* de Dante Alighieri (1265-1321). Il s'y consacre, en plus de ses commandes, jusqu'en 1495.

UN SENS DE L'HUMOUR PARTICULIER

Doté d'un certain sens de l'humour, Botticelli aime jouer des mauvais tours à ses proches. Ainsi, il ajoute aux anges d'un *tondo* (tableau réalisé sur un support rond) de son assistant Biagio, très étonné lorsqu'il les découvre, des capuchons semblables à ceux portés par les membres de la Seigneurie florentine. Botticelli les retire ensuite en l'absence de Biagio, à qui il fait croire qu'il a des visions. Aussi, dans *Saint Augustin dans son cabinet de travail* (1480), l'artiste insère-t-il la retranscription d'une conversation futile qu'il a surprise entre deux moines censés s'appliquer à l'étude hagiographique (se dit des récits portant sur la vie des saints). Pour plaisanter, il accuse également d'hérésie un de ses amis, alors que le climat religieux est assez tendu. Ces quelques anecdotes, combinées aux sujets surtout mythologiques de ses œuvres, ont instauré le doute quant à la sincérité de la foi de Botticelli.

UNE FIN DE PARCOURS EN DEMI-TEINTE

Botticelli, comme beaucoup de Florentins, est très sensible aux idées du moine Savonarole, au point qu'il renonce à représenter des sujets laïcs dans ses tableaux. Il va même, selon certains, jusqu'à brûler quelques-unes de ses œuvres dans les fameux bûchers de vanité, mais cela reste à prouver. Ainsi, à la fin de sa carrière, Botticelli ne peint plus que des portraits simples et des toiles à thèmes bibliques.

S'il est encore apprécié des Florentins, sa réputation s'effrite cependant peu à peu. En 1502, il est accusé de sodomie, mais l'affaire reste sans suite. De plus, il ne reçoit plus des commandes aussi prestigieuses qu'auparavant, et Isabelle d'Este (1474-1539) refuse de lui confier la décoration de son cabinet de travail. Ainsi, les dix dernières années de sa vie s'avèrent moins florissantes pour l'artiste italien, qui, ne peignant plus, ou presque, a par conséquent moins de revenus, sans compter qu'il est malade. Sandro Botticelli meurt en 1510, et est enterré au cimetière aujourd'hui disparu d'Ognissanti, à Florence.

ISABELLE D'ESTE

Isabelle d'Este est la fille d'Hercule 1er, duc de Ferrare, et l'épouse du marquis de Mantoue. Elle est l'une des figures féminines les plus marquantes de la Renaissance. Très cultivée et raffinée, elle devient le mécène de nombreux artistes italiens, dont Andrea Mantegna (1431-1506). Il s'agit aussi d'une référence pour l'ensemble de l'Europe dans les domaines de la mode, de la beauté et du savoir-vivre.

CARACTÉRISTIQUES

LA CRÉATION D'UN LANGAGE PROPRE

Aux côtés de Filippo Lippi, l'artiste perfectionne sa technique de dessin, notamment en jouant avec la lumière et, surtout, en apportant un soin minutieux à la netteté des formes. À la mort de celui-ci, Botticelli reprend et achève les *Madones* entamées par Lippi, avant d'en peindre à son tour à la manière de son ancien maître.

Mais à son retour à Florence, le peintre s'éloigne de plus en plus du style linéaire de Lippi afin de créer son propre style, qui se traduit notamment par un dessin beaucoup plus nerveux. Il s'ouvre également à des influences diverses qui laissent leur empreinte sur son langage technique. Ainsi, Verrocchio lui apprend à mieux traduire la lumière et ce qu'elle dégage. Ce travail est visible dans *La Force*, où les jeux d'ombre et de lumière soulignent les drapés du tissu et l'anatomie du personnage représenté. Botticelli se préoccupe également davantage de la gestuelle de ses figures, afin de leur donner plus de force expressive et les doter d'un aspect plus naturel. Enfin, la profondeur de ses tableaux est rendue avec un réalisme accru : le peintre insiste davantage sur la perspective centrale, nouvel acquis de la Renaissance, et, de manière plus générale, sur l'aspect tridimensionnel de ses représentations. Il suffit de comparer *La Madone à l'Enfant avec un ange* (1465-1467) et *La Madone de la Roseraie* (vers 1470) pour constater combien la perspective du second tableau est mieux traitée.

Aussi les portraits réalisés par Botticelli témoignent-ils d'une influence des peintres flamands qui se traduit dans la représentation du paysage et le réalisme des compositions. Comme dans les œuvres de Jan Van Eyck (1390-1441), par exemple dans *L'Homme à la médaille de Cosme de Médicis* (vers 1474), ou de Rogier Van der Weyden (vers 1400-1464), on retrouve à l'arrière-plan de ses portraits une vue qui s'ouvre sur un paysage.

DES INNOVATIONS MARQUANTES

La production picturale italienne du XVe siècle comporte une importante proportion d'œuvres à thèmes religieux. Dans ses premières compositions, Botticelli ne se distingue pas de ses contemporains : la majeure partie de son œuvre est consacrée à des sujets bibliques. Il réalise également de très nombreux portraits.

Toutefois, à travers ses tableaux du début des années 1480, le peintre innove réellement. Il marque en effet un tournant dans l'histoire de l'art dans la mesure où l'Antiquité devient le thème principal et unique de compositions de grand format, ce qui est inédit. L'art antique est bien connu de Botticelli : Rome regorge de ruines encore visibles tandis que Laurent de Médicis possède à Florence une importante collection d'œuvres antiques (et de copies).

Les allégories représentées par l'artiste italien forment un ensemble homogène tant par leur contenu iconographique que par leur style. Elles semblent être réalisées dans le cadre de mariages, car toutes ont pour sujet l'adoration de l'amour. *Le Printemps* (1477-1478), *Pallas et le Centaure* (1482), *Vénus et Mars* (1483) ainsi que *La Naissance de Vénus* (1485) présentent un corps féminin idéalisé, d'une beauté irréelle et parfaite, et mettent en lumière la grâce et la délicatesse des personnages. Botticelli peint également, à la même époque, une série de fresques dans le même esprit, relatant des histoires d'amour. Toutes ces œuvres font montre d'un grand équilibre dans leur composition : les lignes sont harmonieuses et le rythme est fluide. Malgré cela, il se dégage de ces scènes un fort sentiment d'exaltation.

Aussi est-ce grâce à Botticelli que le dessin gagne en importance dans la seconde moitié du XVe siècle. Auparavant considéré comme un simple outil pour l'étude, il devient désormais un genre à part entière. La particularité de Botticelli est de réaliser des traits extrêmement fins, comme c'est le cas dans ses miniatures. Il effectue notamment une importante série de dessins illustrant *La Divine Comédie* de Dante, dans lesquels il interprète le poème de manière analytique et littérale, traduisant la construction des chants en plus des moments narratifs et des sentiments des personnages. Par la précision et la cadence de leurs traits, ses illustrations sont d'une grande force expressive.

LE TOURNANT RELIGIEUX

La fin du XVe siècle marque un tournant important dans le style de Botticelli. De manière générale, cela se traduit par un plus grand accablement et davantage d'agitation dans ses compositions. Cela se marque aussi dans le choix des thèmes, presque exclusivement religieux.

Les proportions entre les personnages et l'espace représenté se font moins harmonieuses ; l'artiste revient à des normes plus médiévales, où l'importance d'un personnage se traduit par sa taille par rapport aux autres figures représentées. Les compositions perdent de leur vivacité et de leur fluidité : les mouvements des personnages sont réduits et ces derniers sont moins gracieux. En réalité, Botticelli met tout en œuvre pour que le spectateur se concentre sur la scène religieuse et ne soit pas distrait.

Par ailleurs, Botticelli revient à une technique médiévale consistant à représenter, de manière simultanée, des moments narratifs diffé-rents. Cela s'observe dans l'*Histoire de Virginie* (1500-1504) et dans l'*Histoire de Lucrèce* (1499). Enfin, il produit des tableaux moins lumi-neux et moins détaillés, tant dans les drapés que dans les couleurs utilisées, les décors et les arrière-plans.

Dans les portraits, ce retour vers le religieux se traduit par davantage de sobriété à l'arrière-plan : Botticelli ne détaille plus un paysage, mais se contente d'un fond uni, ce qui lui permet de diriger le regard du spectateur vers le personnage représenté.

L'HOMME À LA MÉDAILLE DE COSME DE MÉDICIS

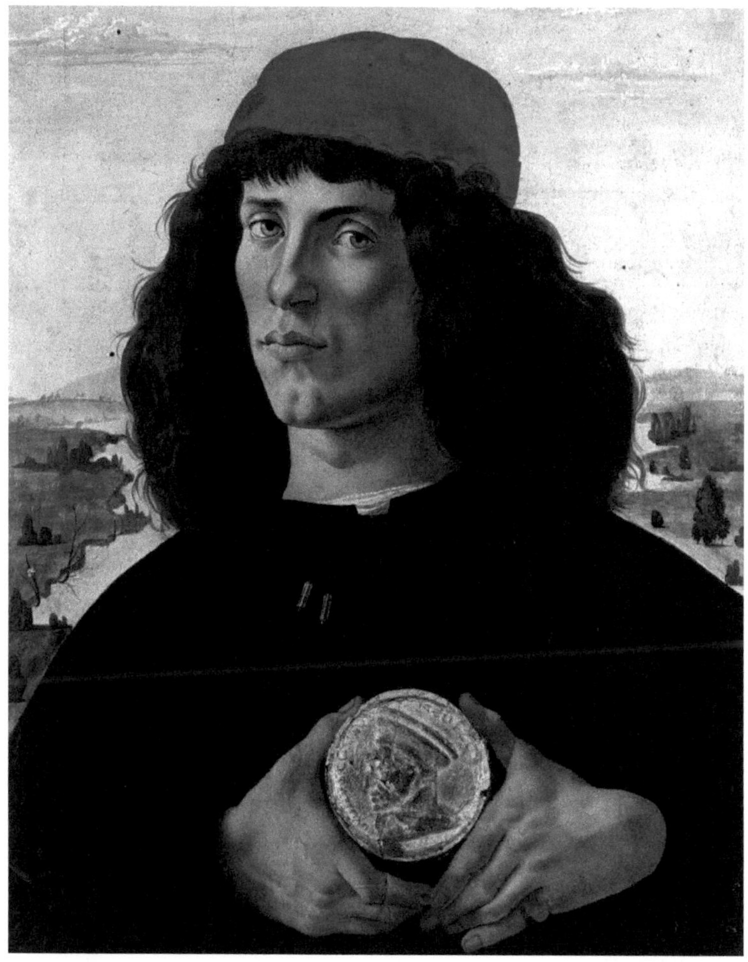

L'Homme à la médaille de Cosme de Médicis, 1475, peinture sur bois, 58 x 45 cm, Florence, galerie des Offices.

À l'époque de Botticelli, le portrait est très en vogue. Il constitue pour la riche bourgeoisie un moyen d'affirmer son haut statut. Le personnage représenté ici n'est pas identifié ; les critiques avancent de nombreuses hypothèses, mais aucune n'est avérée. Il tient une médaille à l'effigie de Cosme de Médicis, le fondateur de la dynastie florentine.

Botticelli est alors au début de sa carrière. Il peint ce portrait comme le font les autres portraitistes, en plaçant un vaste paysage en arrière-plan. Les jeux d'ombre et de lumière accentuent les traits du visage osseux de l'homme. Ils donnent aussi plus de relief à la médaille et au positionnement des mains. Chaque muscle est apparent, tant dans le visage que dans les mains du personnage.

L'œuvre comporte aussi une touche de lumière et d'éclat grâce au rouge vif du chapeau qui vient trancher sur l'obscurité des habits. Le paysage à l'arrière-plan contribue également à la luminosité et à la profondeur de la composition.

LA MADONE DU MAGNIFICAT

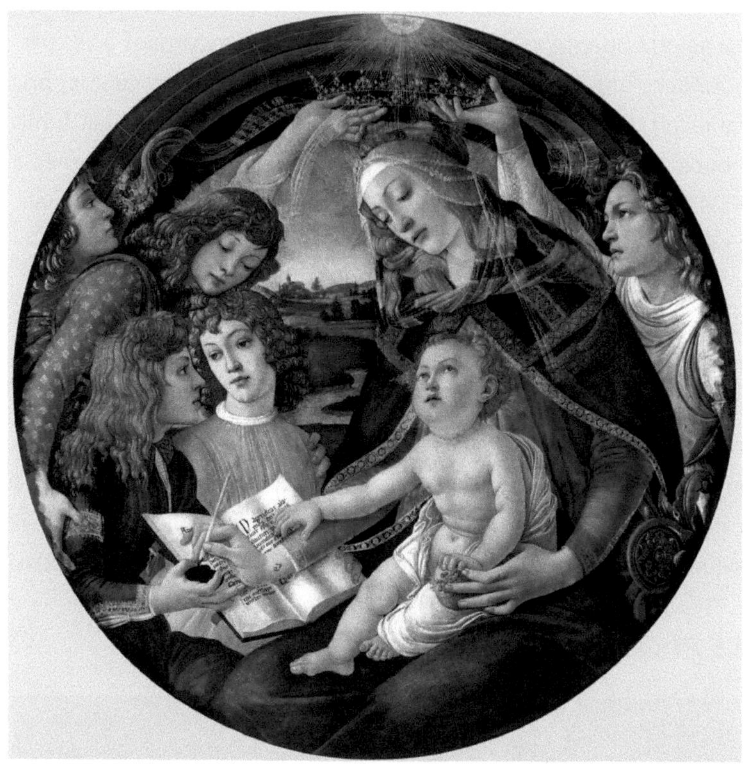

La Madone du Magnificat, 1480-1481, peinture sur bois, 118 cm de diamètre, Florence, galerie des Offices.

Il s'agit du *tondo* le plus célèbre de Botticelli. Ce support rond est très prisé aux XVe et XVIe siècles, durant lesquels il sert à décorer des intérieurs privés. Le commanditaire du *tondo* n'est pas connu. Ayant engendré de nombreuses répliques, cette œuvre est l'une des plus riches de Botticelli en raison de la quantité d'or utilisée pour rehausser les cheveux et les détails des vêtements, ainsi que pour dessiner la couronne et l'auréole divine.

Le titre de ce *tondo* provient du texte du livre que deux anges tiennent ouvert devant la Vierge : elle rédige le Magnificat, le cantique qu'elle chante après avoir reçu l'Annonciation. Le thème de la Vierge constitue à l'époque le sujet de la majorité des représentations picturales. Le peintre adapte sa composition au cadre en imprimant à ses personnages une torsion dont les courbes suivent celles du support. Le résultat est néanmoins harmonieux. De plus, l'œuvre est lumineuse et colorée. Les tissus et les drapés sont richement ornés à l'aide de détails très fins. Les jeux d'ombre et de lumière soulignent l'inclinaison des personnages et leur physionomie.

Botticelli joue ici avec la perspective afin de donner du relief à son œuvre. Le paysage en arrière-plan, à la manière des peintres flamands, contribue à l'effet de profondeur. Le cadre peint à l'intérieur de la représentation est visible dans la partie supérieure du *tondo*, en retrait par rapport au groupe de personnages. D'ailleurs, les anges viennent se placer sur ce cadre fictif. Le groupe donne alors l'impression d'être plus proche physiquement du spectateur et de se dégager davantage de l'arrière-plan.

LE PRINTEMPS

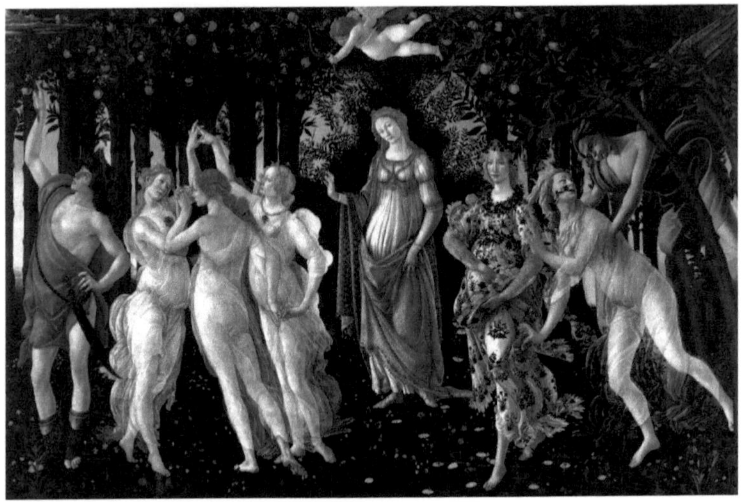

Le Printemps, 1482, peinture sur bois, 203 x 314 cm, Florence, galerie des Offices.

Botticelli peint ce tableau à l'occasion du mariage de Lorenzo di Pierfrancesco (1463-1503), cousin de Laurent le Magnifique, afin d'orner l'antichambre de la chambre à coucher de celui-ci, face à une autre de ses œuvres, *Pallas et le Centaure* (1482). L'artiste se base, entre autres, sur les *Stances* d'Ange Politien (*Stances pour la joute de Julien de Médicis*, I, 68) : « Mais Amour, sa belle vengeance faite,/ s'envola gaiment à travers l'air noir,/ et gagna le royaume de sa mère en toute hâte,/ où de ses petits frères se trouve la bande :/ le royaume où toute Grâce se divertit,/ où la Beauté à ses cheveux tresse des fleurs,/ où tout lascif, derrière Flore,/ Zéphyr vole et fleurit l'herbe verte. »

Au centre de la composition se tient Vénus, la déesse romaine de l'amour, Cupidon aveuglé volant au-dessus de sa tête. À la droite de Vénus, on trouve trois personnages qui peuvent, selon les lectures, n'en représenter que deux : Zéphyr poursuit la nymphe Chloris, leur union donnant naissance à Flore, déesse romaine du printemps et de la végétation incarnant aussi de la ville de Florence. À gauche de la déesse dansent les trois Grâces, filles de Zeus, qui représentent la vie intellectuelle. Tout à gauche se tient Mercure, le messager des dieux, qui, avec son caducée (baguette munie d'ailes et autour de laquelle s'entrelacent deux serpents), dissipe les nuées sombres menaçant la scène.

Chacun de ces personnages mythologiques incarne une notion de l'amour : l'amour intemporel pour Vénus, l'amour aveugle pour Cupidon, l'amour charnel pour le groupe de droite, l'amour en tant que communion spirituelle pour les Grâces et l'amour intellectuel pour Mercure. Cette œuvre se lit donc comme un parcours amoureux, mais d'autres interprétations symboliques sont possibles. En effet, on peut y voir une célébration de la paix nouvelle, une sublimation du mariage ou encore une fête du printemps.

Une véritable harmonie règne entre les différents personnages et la nature qui les encadre : dans la partie gauche de la composition, les orangers sont droits comme Vénus, les Grâces, Mercure et Flore, mais ils s'inclinent aux côtés de Chloris et Zéphyr. Botticelli imprime par ailleurs du mouvement à son œuvre grâce à de petits détails tels que les mèches de cheveux s'échappant de la coiffure des Grâces. Quant à la perspective, elle est mise hors jeu par le rideau de verdure à l'arrière-plan.

Les motifs qui ornent les vêtements de Vénus et de Flore sont d'une extrême finesse, tout comme le dessin des chevelures. Les voiles qui couvrent les Grâces et Chloris, très fins, sont presque irréels et donnent une impression de transparence. Pour parvenir à cet effet, Botticelli met en place un réseau de lignes blanches grâce à une nouvelle technique de peinture, la *tempera grassa* (mélange d'huile et d'œuf), qui permet d'apercevoir le décor sous les voiles. Enfin, la lumière émane ici des personnages eux-mêmes qui se détachent du fond plus sombre, ainsi que des morceaux de ciel paisible entre les arbres.

LA NAISSANCE DE VÉNUS

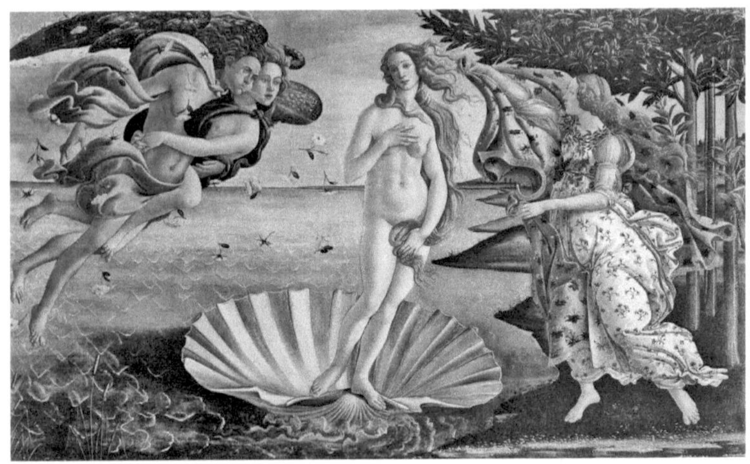

La Naissance de Vénus, 1484-1485, peinture sur toile, 172 x 278 cm, Florence, galerie des Offices.

Ce tableau révolutionne l'art de la Renaissance : il s'agit du premier grand format dédié à un thème non religieux, qui plus est un nu. De plus, l'œuvre est réalisée sur une toile, une première en Toscane. Le commanditaire n'est pas identifié, mais il s'agit probablement d'un membre de la famille Médicis. Botticelli innove également du point de vue technique : il abandonne la couche d'impression (couche blanche appliquée sur la couche de préparation du support avant l'application des couleurs) et le *verdaccio* (sous-couche verte utilisée par les peintres toscans), ce qui confère plus de légèreté et de clarté à son œuvre.

Zéphyr tient dans ses bras une nymphe (son épouse Chloris ou Aura, la brise). Il souffle vers le coquillage, au centre de la composition, sur lequel se tient Vénus, afin de l'amener au rivage où l'attend une autre nymphe, probablement Flore. Tout comme dans *Le Printemps*, la scène est inspirée de vers (*Stances pour la joute de Julien de Médicis*, I, 99-103) d'Ange Politien. Elle représente davantage l'arrivée de la déesse que sa naissance. En effet, dans la mythologie, Vénus naît de l'écume issue de la rencontre des testicules d'Ouranos, le ciel, et de la mer. Certains voient dans cette *Naissance de Vénus* un message caché : Florence, sous les traits de la nymphe Flore, accueille l'amour et la paix incarnés par Vénus. Il s'agirait donc de mettre en évidence le fait que Florence traverse une période de paix et que l'amour prime, ou encore de doter la ville d'origines divines et pacifiques.

Pour peindre sa Vénus, Botticelli prend pour modèle l'*Aphrodite pudique*, une sculpture antique dont les Médicis possèdent une copie. Les deux personnages se caractérisent par un maintien qui cache leurs attributs féminins. La blancheur de la chair de Vénus rappelle aussi le marbre de la statue. Elle se détache du fond clair grâce au fin trait noir qui marque son contour.

Bien que ce tableau dégage une grande harmonie, la scène manque de naturel. La déesse se tient gracieusement dans une pose pourtant inconfortable : elle est en équilibre sur le fin bord du coquillage. En outre, malgré sa grande beauté, son cou est étrangement long, ses épaules tombantes et son bras gauche semble relié à son corps de manière maladroite. Toutefois, ces imperfections la rendent en même temps tendre et délicate. À première vue, elle semble immobile, mais des détails indiquent le mouvement : le souffle du vent, l'envol des cheveux et des tissus, etc. Les vagues sont stylisées en forme de V, sauf à la base de la coquille. De plus, la composition n'obéit absolument pas aux règles de la perspective. La profondeur est donnée par l'avancée des personnages et leur détachement sur le fond clair.

Quant à la palette de couleurs, elle est assez restreinte : elle se compose essentiellement de vert et de bleu clair, rehaussés d'une touche de rose pâle. Les fins traits dorés dans les cheveux, les roseaux ou encore le coquillage accentuent la luminosité de l'ensemble.

LA NATIVITÉ MYSTIQUE

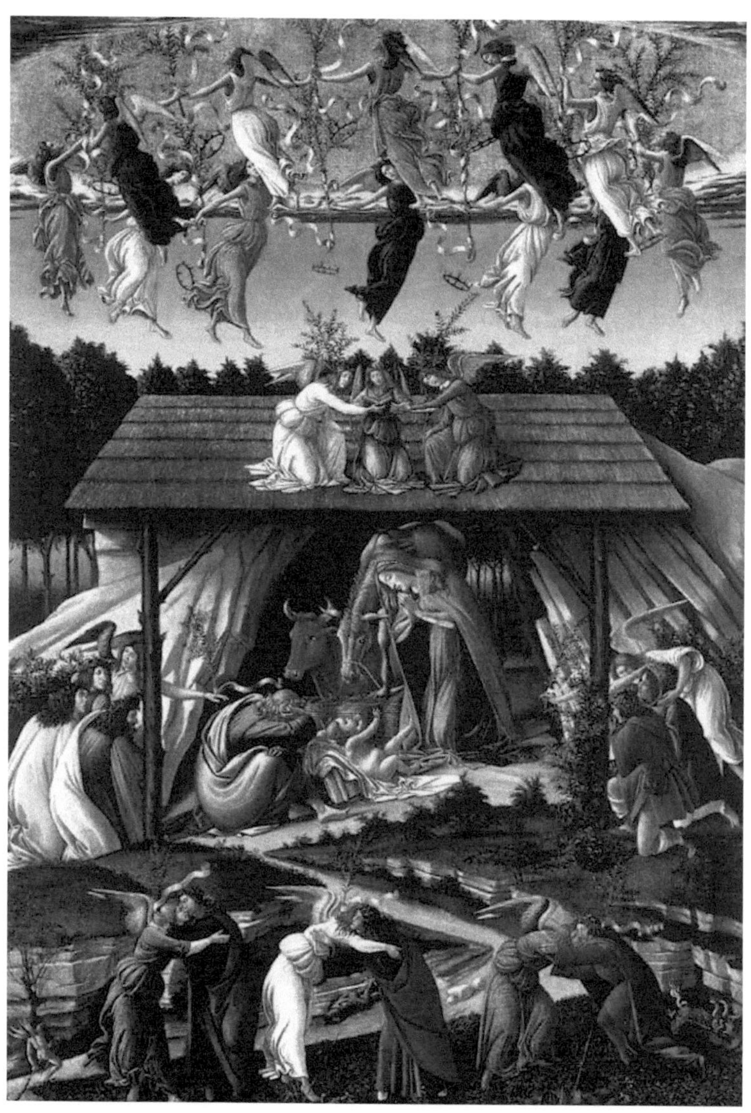

La Nativité mystique, 1501, huile sur toile, 108,5 x 75 cm, Londres, National Gallery.

Il s'agit de la seule œuvre datée et signée du peintre. Botticelli est alors dans sa dernière phase de création. Certains critiques considèrent d'ailleurs qu'il s'agit de son ultime œuvre.

Le sujet de ce tableau est purement religieux : il s'agit de la naissance du Christ. La composition est complexe et chargée. Au centre, dans l'étable, Marie et Joseph prient devant l'enfant Jésus. De part et d'autre de l'étable se trouvent les mages et les bergers venus adorer le nouveau-né, tandis que sur le toit se tiennent trois anges. Dans la partie inférieure, trois anges étreignant trois hommes forment trois couples entourés de diablotins fuyants. Dans la partie supérieure, des anges dansent. Enfin, surplombant le tout, Botticelli s'identifie et date son œuvre dans une inscription en grec renvoyant à l'Apocalypse. L'ensemble symbolise l'espoir de voir triompher le bien sur le mal.

L'ambiance de la composition renvoie au contexte extrêmement religieux dans lequel évolue Botticelli à cette époque, marqué par les idées de Savonarole. Le regard peut se poser n'importe où, il rencontre toujours un sujet religieux. Ainsi, par exemple, la danse des anges dans le ciel doré empêche le spectateur de s'égarer dans le lointain.

Les détails sont moins riches que dans les œuvres précédentes : les drapés sont plus modestes et l'or ne sert qu'à peindre le paradis. Aussi les proportions ne sont-elles plus respectées : le corps de Marie est immense si on le compare aux autres personnages et sa tête est trop grande par rapport à son corps. Botticelli revient, avec cette œuvre, à des techniques médiévales.

SANDRO BOTTICELLI, UNE SOURCE D'INSPIRATION

UNE POSTÉRITÉ CONTRASTÉE

Au cours de sa carrière, Botticelli est en contact avec de nombreux artistes et personnalités de la Renaissance. Il exerce sur eux une influence tantôt directe – au sein de son atelier ou lors de travaux collectifs –, tantôt indirecte. De son vivant, plusieurs peintres se font les imitateurs de son style, comme Bartolomeo di Giovanni (?-1501) ou Jacopo del Sellaio (1442-1493), mais aucun n'atteint son niveau et sa notoriété.

Durant les dernières années de sa vie, Botticelli n'est plus en adéquation avec son époque. Une certaine distance s'installe entre lui et ses contemporains, qui ne s'intéressent désormais plus à sa production. Il faut attendre le milieu du XVIe siècle et l'émergence du maniérisme pour que ses œuvres trouvent un nouveau public. Mais cela ne dure pas et ce n'est qu'au XIXe siècle, lorsque l'on redécouvre la Renaissance, que Botticelli est réhabilité et que les artistes et la critique s'intéressent à nouveau à ses jeux de lignes et au contenu de ses œuvres.

LE MANIÉRISME

Le maniérisme est un courant artistique en vogue dans l'Italie du XVIe siècle. Il se caractérise par un allongement des formes et la volonté de s'éloigner de la perfection recherchée par l'art de la Renaissance. Les artistes ne veulent plus copier la nature, mais recréer le monde d'une manière qui leur est plus personnelle et reflète leur intériorité. Ils puisent chez leurs prédécesseurs des éléments qui leur servent à élaborer leur propre langage pictural.

FILIPPINO LIPPI

Au sein de son atelier, l'artiste forme plusieurs élèves. Filippino Lippi est sans doute le plus connu. Il doit à Botticelli sa maîtrise des couleurs et du dessin, même s'il ne créera jamais une composition aussi harmonieuse que celles de son maître. L'influence de ce dernier est plus marquante dans les œuvres de jeunesse de Filippino Lippi, qui s'éloigne ensuite de Botticelli et se tourne vers des compositions plus simples.

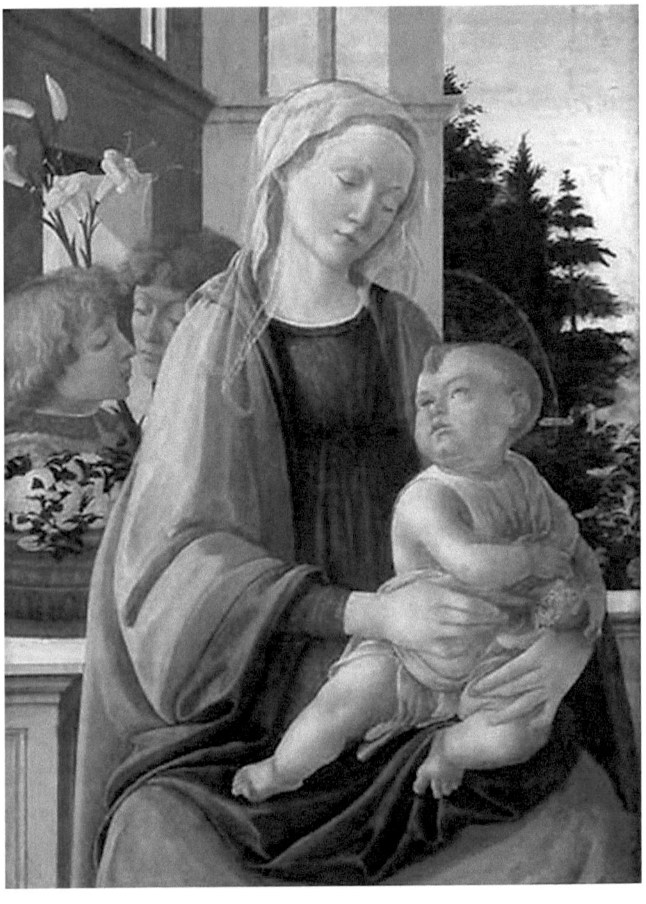

LIPPI (Filippino), *La Vierge à la grenade*, 1472-1475, huile sur bois, 79 x 55 cm, Paris, musée du Louvres.

Sa *Vierge à la grenade* (1472-1475), par exemple, est proche des *Vierges à l'Enfant* de Botticelli. La Vierge et le Christ se tiennent à l'avant-plan, unis par le regard. Sur le côté gauche, deux anges, eux aussi unis par le regard, sont placés en arrière-plan. Le fond est constitué d'un décor semi-ouvert représentant un angle de bâtiment et des arbres. On retrouve ces jeux de regards notamment dans *La Madone du Magnificat* (1480-1481). Le traitement de l'ombre et de la lumière souligne les formes anatomiques des personnages, surtout en ce qui concerne l'enfant. Il y a par ailleurs un travail sur la transparence du voile de la Vierge qui laisse visible ce qui se cache dessous. Quant au dessin, il n'est pas très exploité, mais il est bien présent dans les fins traits de visage des personnages, dans les cheveux des anges et dans les drapés des vêtements.

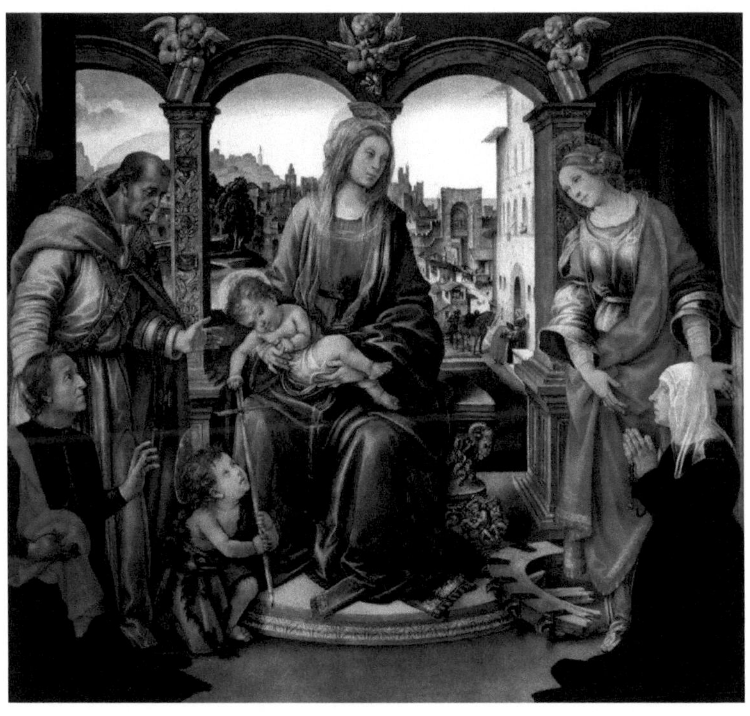

Lippi (Filippino), *Vierge à l'Enfant avec des saints*, 1486, peinture sur bois, 355 x 255 cm, Florence, galerie des Offices.

De ce point de vue, Filippino Lippi se rapproche davantage de Botticelli dans sa *Vierge à l'Enfant avec des saints* (1486). En effet, dans cette œuvre, tant les décors architecturaux que les tissus foisonnent de dessins habiles. L'artiste semble même aller encore plus loin que son maître tant les détails sont fins et nombreux. Cette richesse est caractéristique du style de Filippino Lippi. Aussi son utilisation de la couleur permet-elle de mettre en lumière les personnages par rapport au fond plus sombre, et plus particulièrement la Vierge et Jésus, dont la pâleur se démarque. Il joue également de la transparence au niveau des auréoles des saints : l'arrière-plan reste visible au travers du halo saint, comme la végétation reste apparente derrière les voiles des personnages du *Printemps*. Au niveau de la composition, sa *Mort de Lucrèce* (1475) et ses *Scènes de l'histoire de Virginie* (1470-80) sont extrêmement similaires aux œuvres que Botticelli peint sur les mêmes sujets quelques années plus tard.

Au-delà de son influence sur Filippino Lippi, Botticelli a indirectement marqué l'ensemble de la Renaissance italienne, tant par son style que par ses thèmes. Grâce à lui, le dessin gagne en importance. Il suffit de jeter un œil du côté des productions de Léonard de Vinci (1452-1519) ou de Michel-Ange (1475-1564) pour constater combien le dessin tient une place primordiale dans leur processus de création, même s'ils s'opposent à la conception du dessin de Botticelli. Enfin, sans Botticelli, le Titien (1488-1576) n'aurait peut-être pas osé peindre sa *Vénus d'Urbin* (1534), ni Ingres (1780-1867) sa *Grande Odalisque* (1814), trois siècles plus tard.

- Botticelli naît vers 1445 à Florence. Il entre d'abord en apprentissage dans un atelier d'orfèvre avant de devenir l'élève du peintre Filippo Lippi, puis, à partir de 1470, il possède son propre atelier à Florence. Il travaille avec Verrocchio et prend pour élève Filippino Lippi.

- Très apprécié des Florentins, il réalise de nombreux portraits et tableaux religieux pour des commanditaires aussi prestigieux que la famille Médicis, dont il devient proche.

- Si l'artiste se situe à ses débuts dans la lignée de Filippo Lippi, il s'éloigne peu à peu du style linéaire de son maître pour développer son propre langage pictural. Celui-ci se traduit notamment par un dessin beaucoup plus nerveux, un meilleur traitement de la lumière et un réel souci pour la gestuelle de ses figures, à qui il entend donner une allure plus naturelle. En outre, il insiste davantage sur la perspective centrale, renforçant le réalisme de ses compositions.

- Au début des années 1480, Botticelli introduit les sujets laïcs au sein des grands formats, qui étaient jusque-là exclusivement réservés aux représentations religieuses. Plus précisément, il se tourne vers des thèmes mythologiques. Ses œuvres de cette époque forment un ensemble homogène tant par leur contenu iconographique que par leur style : elles présentent un corps de femme idéalisé, et sont équilibrées et harmonieuses.

- Avec les bouleversements qui marquent Florence à la fin du xve siècle, l'artiste adopte un style beaucoup plus épuré et ascétique, ne peint plus que des sujets religieux et revient à des techniques de représentation médiévales.

POUR ALLER PLUS LOIN

SOURCES BIBLIOGRAPHIQUES

- Acidini Luchinat (Cristina), *Botticelli. Les allégories mytholo-giques*, Paris, Gallimard, 2001.
- Aston (Margaret), *Panorama de la Renaissance*, Paris, Hachette, 1997.
- Cloulas (Ivan) *et alii*, *L'Italie de la Renaissance. Un monde en mutation (1378-1494)*, Paris, Fayard, 1990.
- Deimling (Barbara), *Botticelli. 1444/45-1510*, Cologne, Taschen, 2006.
- Malaguzzi (Silvia), *Botticelli*, Paris, Gründ, 2005.
- Mazzanti (Anna), *L'Art dans les grands musées de Florence*, Malakoff, Hazan, 2000.
- Turner (Richard), *La Renaissance à Florence. La naissance d'un art nouveau*, Paris, Flammarion, 1997.
- « Sandro Botticelli », sur www.lemondedesarts.com, http://www.lemondedesarts.com/DossierBotticelli.htm, consulté le 06/06/2014.

SOURCES ICONOGRAPHIQUES

- Botticelli (Sandro), *La Madone du Magnificat*, 1480-1481, peinture sur bois, 118 cm de diamètre, Florence, galerie des Offices. La photo reproduite est réputée libre de droits.
- Botticelli (Sandro), *La Naissance de Vénus*, 1484-1485, peinture sur toile, 172 x 278 cm, Florence, galerie des Offices. La photo reproduite est réputée libre de droits.
- Botticelli (Sandro), *La Nativité Mystique*, 1501, huile sur toile, 108,5 x 75 cm, Londres, National Gallery. La photo reproduite est réputée libre de droits.

- BOTTICELLI (Sandro), *L'Homme à la médaille de Cosme de Médicis*, 1475, peinture sur bois, 58 x 45 cm, Florence, galerie des Offices. La photo reproduite est réputée libre de droits.
- BOTTICELLI (Sandro), *Le Printemps*, 1482, peinture sur bois, 203 x 314 cm, Florence, galerie des Offices. La photo reproduite est réputée libre de droits.
- LIPPI (Filippino), *La Vierge à la grenade*, 1472-1475, huile sur bois, 79 x 55 cm, Paris, musée du Louvres. La photo reproduite est réputée libre de droits.
- LIPPI (Filippino), *Vierge à l'Enfant avec des saints*, 1486, peinture sur bois, 355 x 255 cm, Florence, galerie des Offices. La photo reproduite est réputée libre de droits.

SOURCES COMPLÉMENTAIRES

- BENZONI (Juliette), *La Florentine*, 2 tomes, Paris, Pocket, 2012. Il s'agit d'un roman historique ayant pour cadre la Florence des Médicis, la Rome de Sixte IV, la France de Louis XI et la Bourgogne de Charles le Téméraire. Sandro Botticelli y fait quelques apparitions. Ce roman permet d'avoir une approche ludique du contexte historique et culturel dans lequel évolue l'artiste.

www.50minutes.com

Éditeur responsable : Lemaitre Publishing
Rue Lemaitre 6 | BE-5000 Namur
info@lemaitre-editions.com

ISBN ebook : 978-2-8062-5778-9
ISBN papier : 978-2-8062-5779-6
Dépôt légal : D/2014/12603/161
Photo de couverture : © *La Naissance de Vénus*, par Botticelli, 1484-1485.

Conception numérique : Primento,
le partenaire numérique des éditeurs